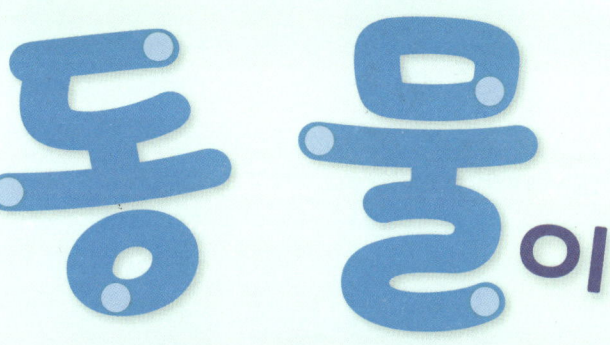

Miles Kelly

왜? 에 답해 주는
어린이 첫 과학책

동물이 진짜 궁금해!

새처럼 훨훨 날아다니고 싶니?

네가 좋아하는 동물은 무슨 색이니?

따뜻한 날씨를 좋아하니, 눈 오는 날씨를 좋아하니?

나는 지금 사냥 중이야.

어떤 동물과 함께 살고 싶니?

가장 친해지고 싶은 동물은 뭐야?

글 카밀라 드 라 베도예르
그림 폴린 리브스

서울문화사

차 례

동물이 뭐예요? • 6

악어는 왜 딱딱한 돌을 먹어요? • 8

동물도 감각이 있어요? • 10

신비한 동물의 세계! • 12

동물의 몸은 어떻게 생겼어요? • 14

색깔과 무늬로 자신을 보호한다고요? • 16

동물에 대한 엉뚱한 상상! • 18

옆 구르기를 하는 거미가 있다고요? • 20

치타는 얼마나 빨리 달려요? • 22

놀라운 동물의 세계! • 24

동물들도 집이 있나요? • 26

누가 멋진 집을 만드나요? • 28

동물들도 엄마, 아빠가 있어야 해요? • 30

아직도 궁금한 몇 가지 질문! • 32

퀴즈로 다시 보는 동물 • 34
친해져요! 귀여운 동물 • 36
찾아보기, 교과 연계표 • 37
퀴즈 정답 • 38

동물이 뭐예요?

동물은 움직일 수 있고 다른 생물로부터 *영양분을 얻어 살아가는 생명체예요. 동물이 어떻게 생활하는지 살펴보아요.

*영양분: 몸을 구성하고 에너지를 만드는 원료.

① **새끼를 낳아요.**

자신과 닮은 새 생명을 만들 수 있어요. 이 과정을 **새끼 낳기** 또는 **번식**이라고 말해요.

② **숨을 쉬어요.**

동물은 '산소'라는 기체가 있어야 살 수 있어요. **숨**을 쉬어서 산소를 들이마셔요.

③ **감각을 이용해요.**

동물은 만지고, 맛보고, 냄새 맡고, 보고, 듣는 **여러 감각**을 이용해 주변에서 무슨 일이 일어나는지를 알 수 있어요.

저 나뭇잎은 참 맛있어 보이네!

악어는 왜 딱딱한 돌을 먹어요?

악어는 먹잇감을 통째로 꿀꺽 삼켜 버리는 동물이에요. 그래서 돌을 먹어서 배 속의 음식을 잘게 갈아 주어야 해요.

악어는 커다란 *육식 동물들 가운데 하나야. 물고기, 새, 쥐, 뱀, 도마뱀뿐만 아니라 사슴과 돼지까지도 잡아먹을 수 있어.

*육식 동물: 동물의 고기를 먹고 사는 동물.

홍학은 어떻게 분홍색이 되었어요?

홍학(플라밍고)은 주로 물가에 살며 작은 새우 같은 생물을 먹어요. 그런데 홍학이 먹는 생물에는 붉은 색소가 들어 있어요. 이런 먹이를 먹은 홍학은 자라면서 점점 붉은색을 띠지요.

홍학은 머리를 푹 숙여서 먹이를 먹어.

풀만 좋아하는 동물이 있어요?

식물을 주로 먹고 사는 초식 동물이기 때문이에요. 나무늘보 같은 초식 동물들에게는 나뭇잎이 정말 맛있는 음식이에요. 질긴 풀은 오랫동안 질겅질겅 씹어서 먹어요.

개미핥기는 매일 수천 마리의 개미와 흰개미를 잡아먹어. 끈적거리는 기다란 혓바닥으로 개미를 핥아 먹지.

입맛이 까다로운 동물도 있나요?

물론이죠! 딱 한 가지 특별한 먹이만 먹는 고집쟁이 동물이 있어요. 또 뱀상어와 불곰처럼 눈에 띄는 거라면 뭐든 다 먹는 먹성 좋은 동물도 있지요.

뱀은 어떻게 냄새를 맡아요?

뱀은 혓바닥으로 냄새를 맡아요. 혓바닥을 날름 내밀어서 맛 좋은 냄새가 어디에서 나는지 알아내지요.

개구리는 왜 끈적끈적해요?

개구리의 피부는 고약한 맛의 끈적끈적한 점액으로 되어 있어. 그 덕분에 다른 동물들이 개구리를 쉽게 잡아먹지 못하지.

모든 동물들은 눈이 2개예요?

눈이 2개보다 더 많은 동물도 있어요. 대부분의 거미는 눈이 8개인데, 동굴거미는 눈이 하나도 없어요. 동굴거미는 깜깜한 동굴에 살고 있어서 눈이 발달하지 않았다고 해요.

쇠똥구리는 지구에서 가장 힘이 센 동물일 거예요. 만약 쇠똥구리가 사람만 하다면, 사람을 가득 태운 버스 6대도 가뿐히 끌어당길 수 있었을 거예요.

거미는 1년에 약 2,000 마리의 벌레를 잡아먹어요.

땅굴을 파고 사는 **개구리**들이 있는데, 이 개구리는 땅굴에서 나왔을 때 곤충들의 공격을 막기 위해 끈적이는 점액을 피부에 분비해요. 피부에 붙은 곤충을 나중에 잡아먹지요.

벌은 마치 열심히 춤을 추는 것처럼 엉덩이를 흔들어요(꿀벌춤). 이렇게 춤을 추면서 다른 벌들에게 어디에 가장 좋은 꽃이 있는지를 알려 줘요.

하마는 피곤할 때, 화가 날 때, 무서울 때, 모두 입을 크게 벌려 하품을 해요.

아함~

대왕고래는 수백만 마리의 분홍 새우를 먹어서 똥이 분홍색이에요. 똥 하나가 여러분보다 더 클 수도 있어요!

메기는 온몸으로 맛을 느낄 수 있어요. 몸 전체가 맛을 느끼게 해 주는 맛봉오리로 덮여 있거든요.

동물의 몸은 어떻게 생겼어요?

동물의 몸이 어떻게 생겼는지 궁금하지요? 동물의 몸속도 함께 살펴보아요.

① **뼈대**

커다란 동물은 피부밑에 뼈로 이루어진 **뼈대**, 즉 골격이 있어요. 작은 동물은 몸 바깥쪽에 껍질(껍데기)이나 튼튼한 가죽과 같은 **외골격**이 있지요.

③ **다양한 기관**

몸속에는 다양한 기관(장기)이 있어요. 각각의 기관은 생각하기, 숨쉬기, 먹은 음식을 에너지로 바꾸기와 같은 중요한 일들을 해요.

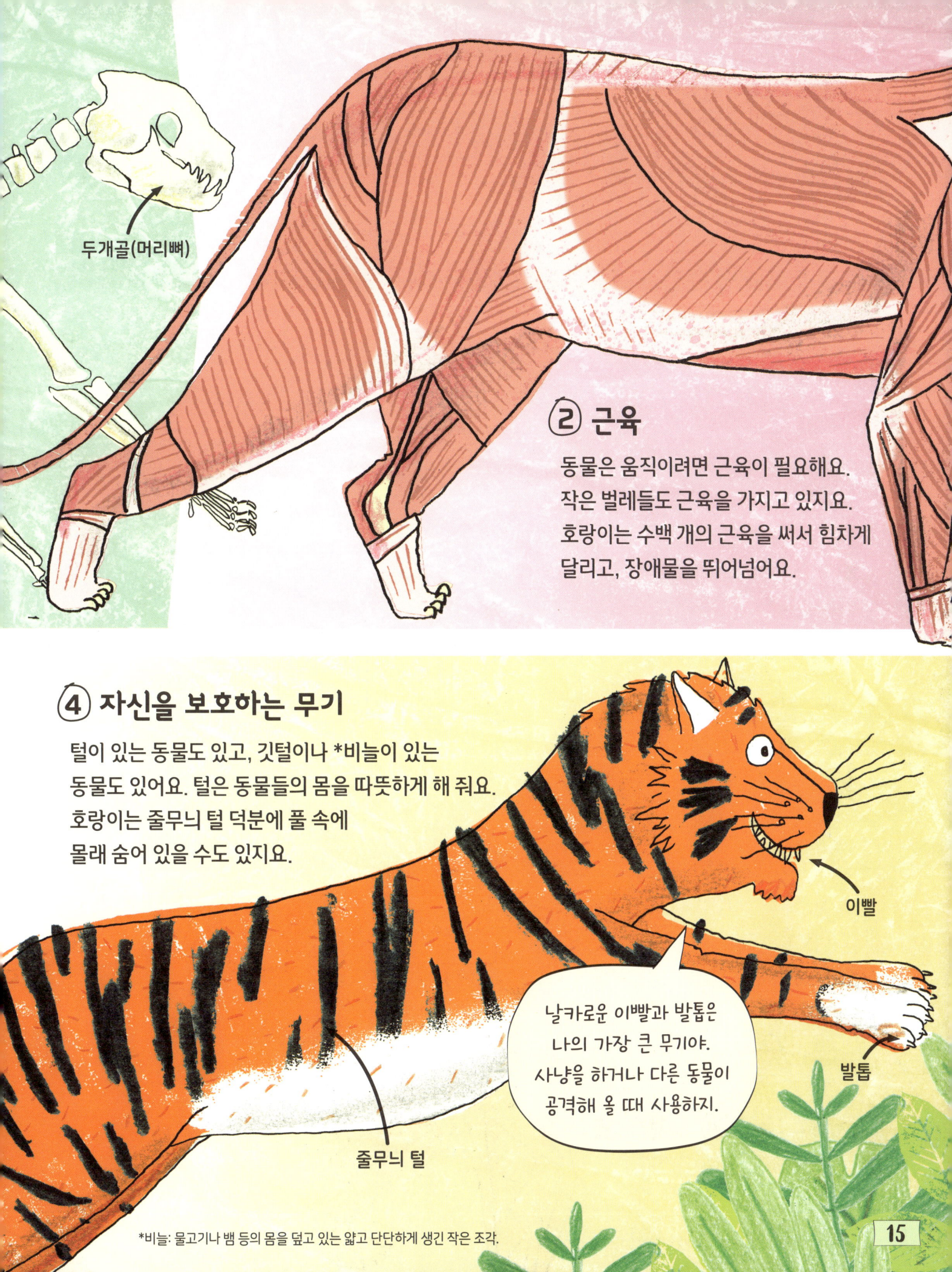

두개골(머리뼈)

② 근육

동물은 움직이려면 근육이 필요해요.
작은 벌레들도 근육을 가지고 있지요.
호랑이는 수백 개의 근육을 써서 힘차게
달리고, 장애물을 뛰어넘어요.

④ 자신을 보호하는 무기

털이 있는 동물도 있고, 깃털이나 *비늘이 있는
동물도 있어요. 털은 동물들의 몸을 따뜻하게 해 줘요.
호랑이는 줄무늬 털 덕분에 풀 속에
몰래 숨어 있을 수도 있지요.

이빨

날카로운 이빨과 발톱은
나의 가장 큰 무기야.
사냥을 하거나 다른 동물이
공격해 올 때 사용하지.

발톱

줄무늬 털

*비늘: 물고기나 뱀 등의 몸을 덮고 있는 얇고 단단하게 생긴 작은 조각.

15

색깔과 무늬로 자신을 보호한다고요?

동물들은 다양한 색깔과 무늬를 가지고 있어요. 몸의 색깔을 이용해서 다른 동물을 위협하기도 하고, 자연과 비슷한 무늬를 이용해서 숨기도 해요.

푸른고리문어

푸른고리문어는 위험을 감지하면 몸에 파란색 고리가 나타나. 이건 나를 공격하면 강력한 독으로 공격하겠다고 경고하는 표시야.

모르포나비

날개 색이 무척 화려하지?

자연에 숨어 있는 다양한 동물들!

피그미해마, 가랑잎벌레, 사자처럼 몸의 색깔이나 무늬가 주변 환경과 비슷해서 몸을 숨길 수 있는 동물들이 있어요. 그리고 딸기독화살개구리, 줄무늬바다뱀처럼 화려한 색깔과 무늬로 적에게 가까이 오지 말라고 경고하는 동물들도 있지요.

딸기독화살개구리

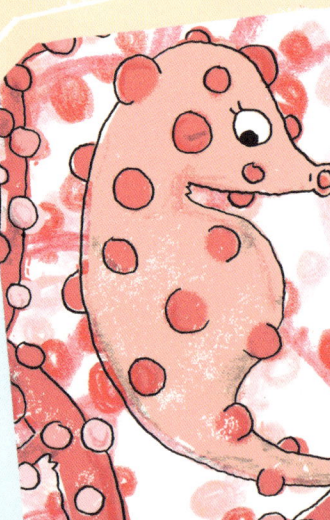
피그미해마

동물에 대한 엉뚱한 상상!

겨울이 오고 있어요! **갈색제비**처럼 따뜻한 곳으로 가고 싶나요, 아니면 **겨울잠쥐**처럼 몸을 웅크린 채 *겨울잠을 자고 싶나요?

표범의 점무늬를 갖고 싶나요, **호랑이**의 줄무늬를 갖고 싶나요?

쿨쿨...

기린처럼 목이 길쭉하면 먼 곳도 잘 보이겠지요?

문어처럼 팔이 많으면 편리할까요?

너무 귀여워!

기린은 기다란 목을 쭉 뻗어서 높은 나무에 달린 나뭇잎도 먹을 수 있어. 문어는 팔로 이동하고, 먹이를 잡거나 먹을 수 있지.

여러분이 아기 동물이라고 상상해 보세요. **해마**처럼 아빠 주머니 속에 있고 싶나요, 아니면 **캥거루**처럼 엄마 주머니 속에 있고 싶나요?

*겨울잠: 겨울이 되면 동물이 활동을 중단하고 땅속 따위에서 겨울을 보내는 일.

옆 구르기를 하는 거미가 있다고요?

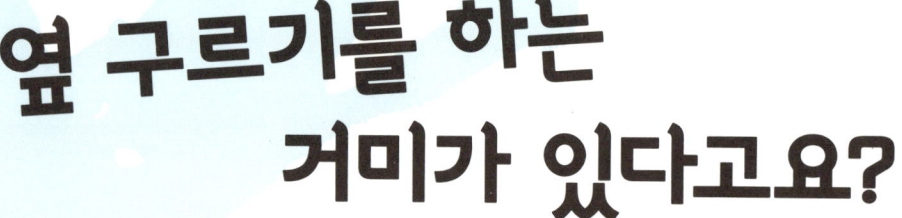

공중제비

사막거미는 뜨거운 사막을 지나다녀요.
발을 데지 않기 위해서는 열심히 옆 구르기를 하며
빠르게 이동해야 해요.

얼마나 높이 뛸 수 있나요?

깡충깡충 뛰기

펄쩍 높이뛰기

캥거루는 공중으로 3미터(m) 넘게 뛸 수 있어. 하지만 걷거나 뒤로 움직이지는 못해.

치타는 왜 빨리 달려요?

치타는 먹잇감을 잡고 싶을 때 빠른 속도를 내요.
그래서 치타에게 쫓기는 영양은
더 빨리 도망쳐야 하지요.
치타의 특징 3가지를 알아보아요.

① 속도를 잘 낼 수 있는 몸

치타의 몸은 작지만 강한 근육으로
꽉 차 있어요. 근육을 이용해 빠르게 달려요.

치타는 얼마나 빨리 달려요?

치타는 육지에서 가장 빠른
동물이에요. 시속 100킬로미터의
속도로 달릴 수 있지요.
빠른 속도를 내는 치타의
몸은 매우 가볍고 날렵해요.

거북은 왜 느릿느릿 움직여요?

거북은 치타와 다르게
먹잇감을 잡을 필요가 없거든요.
풀을 먹으니까 천천히 엉금엉금 걸어도 돼요.
게다가 위험에서 벗어나기 위해 빠르게 달릴
필요도 없어요. 갑옷처럼 단단한 껍데기가 있어서
몸을 보호할 수 있기 때문이에요.

② 성큼성큼 걷기
치타는 잘 휘어지는 척추와 길쭉하게 뻗은 다리를 가지고 성큼성큼 걸어 다녀요.

③ 멀리 뛰기
치타는 땅에서 네발을 모두 떼고 멀리 뛸 수 있어요.

게는 왜 옆으로 걸어 다녀요?
구부러진 다리 모양 때문에 앞으로 갈 수 없거든요.

나뭇가지인 척하는 새가 있다고요?
쏙독새의 일종인 포투는 낮에 한 발자국도 움직이지 않아요. 나뭇가지인 척 가만히 앉아 있다가, 밤에만 벌레를 잡으러 날아다니지요.

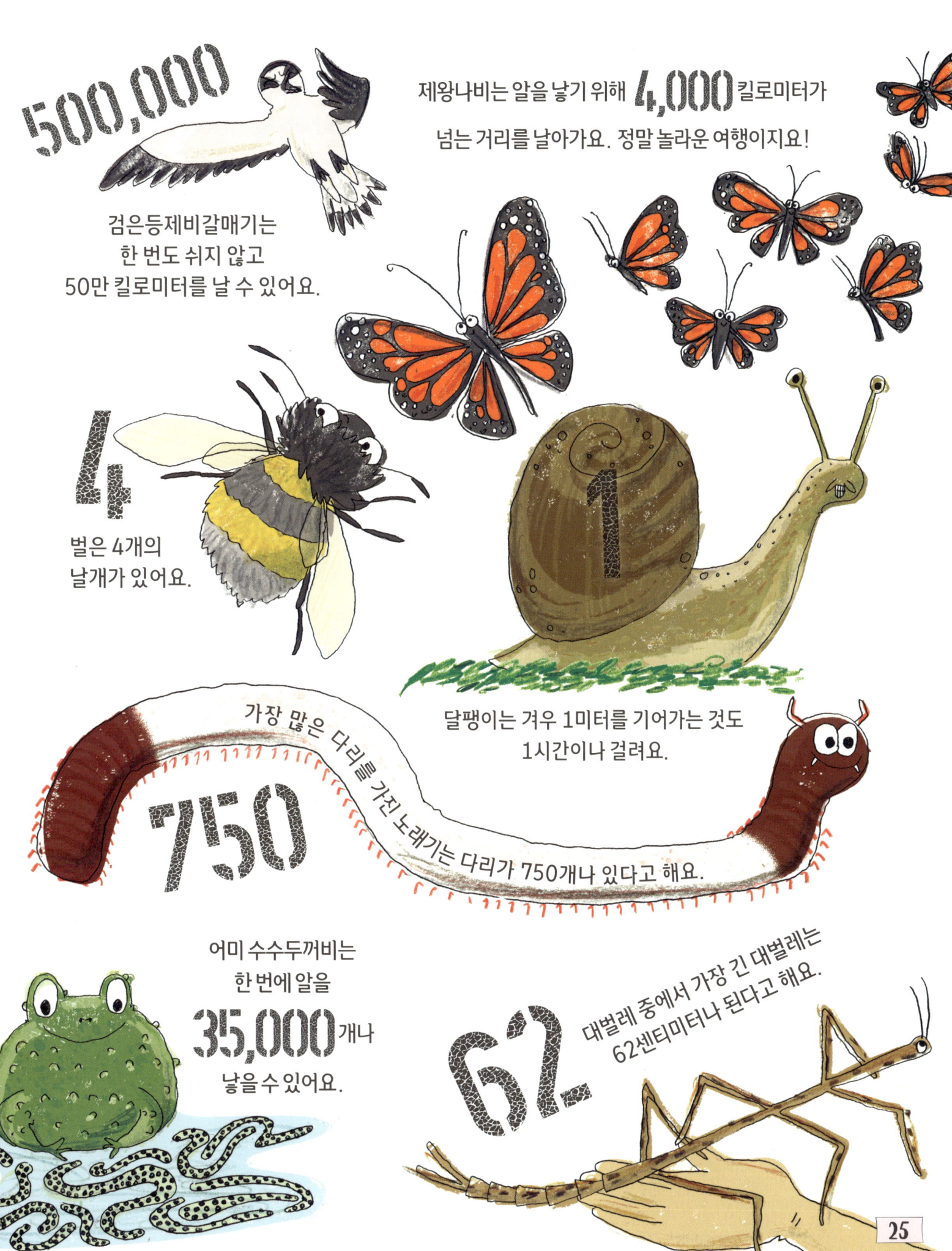

동물들도 집이 있나요?

그럼요! 동물들에게 집은 새끼를 안전하게 돌볼 수 있는 곳이에요. 동물이 사는 집을 '서식지'라고 불러요. 서식지는 바다만큼 거대할 수도 있고, 나뭇잎 하나만큼 작을 수도 있지요.

침으로 만든 집에 산다고요?

어린 거품벌레는 침을 뱉어서 거품 집을 지어요. 거품벌레가 자라는 동안 거품 집이 거품벌레를 안전하게 지켜 줄 수 있어요.

개구리는 왜 물을 좋아해요?

개구리는 물에 알을 낳기 때문이에요. 개구리는 양서류라서 물이나 땅에서 모두 생활할 수 있어요.

거품 집

물속이나 물가에서 생활하는 동물들 중에는 숨을 쉬기 위해 물 위로 올라와야 하는 동물들도 있어.

아가미가 있는 동물은 물속에서도 숨을 쉴 수 있어.

개구리는 축축한 곳에 사는 걸 좋아해요.

나뭇가지에 있는 새 둥지

부엉이는 새끼와 함께 나무 구멍에 살아요.

부엉이는 왜 부엉부엉 울어요?

부엉이는 집에서 멀리 떨어진 다른 부엉이와 대화하기 위해 부엉부엉 울어요. 동물들 중에는 서로 가까이 사는 걸 좋아하지 않는 동물들도 있어요.

나무뿌리 밑에 있는 여우 굴

나뭇잎 위에서 알을 낳는 무당벌레

새처럼 나무 위 둥지에 살고 싶니, 아니면 오소리처럼 땅속의 굴에 살고 싶니?

누가 멋진 집을 만드나요?

뛰어난 건축 실력을 갖춘 몇몇 동물들은 직접 집을 만들기도 해요.

① 풀로 둥근 테두리를 만들고,

② 공 모양의 동그란 벽을 만들면

③ 쨘! 멋진 집이 완성되었어요!

어떤 새가 둥지를 가장 잘 만들어요?

수컷 베짜는새(멋장이새)는 풀을 한 포기씩 엮어서 둥지를 만들고, 깃털로 안을 채워서 푹신한 잠자리를 만들어요. 그리고 노래를 불러서 둥지를 만들었다고 암컷에게 알리지요.

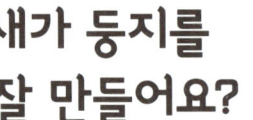

① 튼튼한 실로 틀을 만들고,

거미는 왜 거미줄을 쳐요?

먹이를 잡기 위해서예요. 거미는 몸에서 만든 가느다란 실로 거미줄을 쳐요.

② 끈적끈적한 실로 촘촘하게 거미줄을 만들어요.

누가 진흙을 좋아해요?

흰개미요! 흰개미는 무리를 지어 진흙으로 우뚝 솟은 집을 만들어요. 흰개미 무리가 지은 집은 몇 년 동안이나 계속 남아 있을 만큼 튼튼하지요.

진흙 더미 안에는 통로, 굴, 먹이를 저장하는 창고가 있어요.

흰개미들이 지은 집은 높이가 2미터가 넘어!

행복한 우리 집♡

여왕개미 한 마리가 모든 알을 다 낳아요.

동물들도 엄마, 아빠가 있어야 해요?

어릴 때부터 혼자 살아가는 동물도 있어요.
하지만 대부분의 새끼 동물들은
먹이를 주고 안전하게 지켜 주는
엄마, 아빠가 있어야 해요.

펭귄은 어떻게 알을 보호해요?

> 황제펭귄은 알이 차가운 얼음에 닿지 않도록 발에 올려놓지. 푹신푹신한 깃털로 알을 따뜻하게 보호할 수 있어.

새끼 범고래는 어떻게 잠을 자요?

새끼 범고래는 태어나자마자 헤엄을 칠 수 있어요.
그리고 헤엄을 치면서 잠을 잘 수 있지요.
뇌를 반쪽씩 번갈아 가며 사용할 수 있기
때문이에요. 뇌의 반쪽이 쉬는 동안, 다른 반쪽은
깨어 있어서 헤엄을 칠 수 있는 거예요.
정말 신기하지요?

아직도 궁금한 몇 가지 질문!

상어가 사람에게 가장 위험한 동물이에요?

모든 상어가 사람을 공격하지는 않아요. 오히려 뱀, 당나귀, 개가 상어보다 사람을 더 자주 다치게 해요.

도마뱀은 물 위를 건널 수 있어요?

바실리스크도마뱀은 건널 수 있어요. 물 위를 빠르게 달리면서 큰 발과 꼬리로 균형을 잡을 수 있거든요.

오징어는 어떻게 상어를 피해 도망치나요?

물을 찍 뿌리며 도망쳐요. 오징어가 물을 뿜으면 앞으로 쭉 밀려 나가는데, 이런 힘을 '추진력'이라고 불러요.

해파리는 왜 흐느적거려요?

해파리는 뼈가 하나도 없고, 젤리처럼 온몸이 물로 꽉 채워져 있거든요!

동물은 모두 뼈가 있나요?

포유류, 조류, 파충류, 양서류, 어류는 뼈를 가지고 있어요. 하지만 벌레, 게, 문어 등의 동물들은 뼈가 없지요.

왜 독을 가지고 있어요?

동물들 중에는 송곳니, 발톱, 가시 등에 독을 가진 동물이 있어요. 이 독은 몸을 지키거나 다른 동물을 잡아먹는 데 사용되지요. 독에 맞으면 사람도 위험할 수 있어요.

미끄러지듯이 날아다닌다고요?

날도마뱀과 날다람쥐는 커다란 피부막을 펼치면서 나무 사이를 이동할 수 있어요. 피부막이 낙하산처럼 펼쳐져서 미끄러지듯이 날아갈 수 있지요.

하늘을 나는 박쥐도 새인가요?

아니요, 박쥐는 날아다니는 포유류예요. 날아다니는 포유류는 박쥐밖에 없어요.

낙타의 혹에는 물이 들어 있나요?

아니요, 낙타의 혹은 물이 아니라 지방으로 꽉 차 있어요.

사자는 그르렁거리는 소리를 내나요?

사자 같은 커다란 고양잇과 동물은 으르렁거리지만, 그르렁거리지는 않아요. 반면 작은 고양잇과 동물은 그르렁거리지만, 으르렁거리지는 않지요.

세상에서 가장 작은 새는?

세상에서 가장 작은 새는 벌새예요. 벌새는 엄지손가락보다 작아요. 반대로 타조는 가장 큰 새이지요.

세상에는 얼마나 많은 동물이 있어요?

세상에 얼마나 많은 동물이 있는지는 아무도 몰라요. 그런데 세상에는 수십 억 마리의 개미가 있다고 해요. 그러니까 모든 동물은 분명히 그것보다 더 많을 거예요!

퀴즈로 다시 보는 동물

★ 정답은 38쪽에 있어요!

1 동물의 특징으로 틀린 설명은? (   )

① 자신과 닮은 새끼를 낳아서 번식해요.
② 먹이를 먹어서 힘을 얻어요.
③ 똥이나 오줌을 누지 않아요.
④ 여러 가지 감각을 이용해요.

2 괄호 안에 알맞은 말을 넣어 보세요.

육지 동물 중 몸집이 큰 편에 속하는 (   )는 물고기, 새와 같은 작은 동물들뿐만 아니라 사슴, 돼지처럼 큰 동물도 먹을 수 있어요. 먹잇감을 먹은 후에는 돌을 먹어서 배 속의 음식을 잘게 갈아 주지요.

3 초성 퀴즈를 맞혀 보세요.

동물들은 ㅅ ㅅ ㅈ 를 만들어서 위험으로부터 몸을 보호하고, 안전하게 새끼를 낳아서 길러요.

(   )(   )(   )

4 설명과 그림을 보고 알맞게 짝을 이어 보세요.

- 8억 개의 털이 있어요.

- 옆 구르기를 해요.

- 온몸으로 맛을 느껴요.

- 새끼와 함께 나무 구멍에 살아요.

 메기

 해달

 사막거미

 부엉이

5 초성 퀴즈를 맞혀 보세요.

동물들은 여러 가지 감각을 이용할 수 있어. 그중 ㅎㄱ 은 주변의 냄새를 맡아서 먹잇감의 위치나 주변에 무슨 동물이 있는지를 알게 해 주는 감각이야.

(   )

ㄱㄱㄹ 의 피부는 고약한 맛의 끈적끈적한 점액으로 되어 있어. 그 덕분에 다른 동물들이 개구리를 쉽게 잡아먹지 못하지.

(   )

 친해져요! 귀여운 동물

가장 좋아하는 동물은?
(   )

만약 새가 된다면 가장 먼저 어디로 날아가고 싶나요?
(   )

기린의 코가 코끼리처럼 길어진다면 어떤 일이 벌어질까요?
(   )

고래처럼 바닷속을 헤엄친다면 어떤 기분일까요? 말풍선에 써 보세요.

찾아보기

<ㄱ>
가랑잎벌레 17
갈색제비 18
개구리 11, 13, 26
개미핥기 9
거미 11, 13
거북 22
거품벌레 26
겨울잠쥐 18
고양이 10
기린 18, 24
꼬마꽃벌 12

<ㄴ>
나무늘보 9
나무타기캥거루 24
낙타 33
남부왕관깃비둘기 17
노래기 25

<ㄷ>
달팽이 25
대왕고래 13

독수리 19
동굴거미 11
딸기독화살개구리 16

<ㅁ>
메기 13
모르포나비 16
문어 24

<ㅂ>
바닷가재 12
바실리스크도마뱀 32
박쥐 33
뱀 11
뱀상어 9
벌새 21, 33
범고래 30
벼룩 21
복어 19
부엉이 27
북극곰 31
불곰 9

<ㅅ>
사막거미 20
사자 17, 24, 33
상어 19, 32
샌드타이거상어
(모래뱀상어) 12
성게 12
송골매 19
쇠똥구리 7, 13
수수두꺼비 25

<ㅇ>
악어 8
앨버트로스 19
오랑우탄 21
오징어 24, 32

<ㅈ>
줄무늬바다뱀 17

<ㅊ>
천산갑 19
청새리상어 17
치타 22

<ㅋ>
캥거루 18, 20

<ㅍ>
펭귄 30
포투 23
표범 18, 24
푸른고리문어 16
푸른발부비새 17
풀머갈매기 12
피그미해마 16

<ㅎ>
하마 13
해달 24
해면 12
해삼 19
해파리 32
호랑이 15
홍학 8
흉내문어 12
흰개미 29

교과 연계표

학년	연계 교과	내용
3~5세	누리과정	자연탐구
초등 3학년	과학	동물의 한살이
		동물의 생활

퀴즈 정답

퀴즈로 다시 보는 동물

★ 정답은 38쪽에 있어요!

① 동물의 특징으로 틀린 설명은? (③)

① 자신과 닮은 새끼를 낳아서 번식해요.
② 먹이를 먹어서 힘을 얻어요.
③ 똥이나 오줌을 누지 않아요.
④ 여러 가지 감각을 이용해요.

② 괄호 안에 알맞은 말을 넣어 보세요.

육지 동물 중 몸집이 큰 편에 속하는 (악어)는 물고기, 새와 같은 작은 동물들뿐만 아니라 사슴, 돼지처럼 큰 동물도 먹을 수 있어요. 먹잇감을 먹은 후에는 돌을 먹어서 배 속의 음식을 잘게 갈아 주지요.

③ 초성 퀴즈를 맞혀 보세요.

동물들은 ㅅ ㅅ ㅈ 를 만들어서 위험으로부터 몸을 보호하고, 안전하게 새끼를 낳아서 길러요.
(서)(식)(지)

④ 설명과 그림을 보고 알맞게 짝을 이어 보세요.

- 8억 개의 털이 있어요. — 해달
- 옆 구르기를 해요. — 사막거미
- 온몸으로 맛을 느껴요. — 메기
- 새끼와 함께 나무 구멍에 살아요. — 부엉이

⑤ 초성 퀴즈를 맞혀 보세요.

동물들은 여러 가지 감각을 이용할 수 있어. 그중 ㅎ ㄱ 은 주변의 냄새를 맡아서 먹잇감의 위치나 주변에 무슨 동물이 있는지를 알게 해 주는 감각이야.
(후각)

ㄱ ㄱ ㄹ 의 피부는 고약한 맛의 끈적끈적한 점액으로 되어 있어. 그 덕분에 다른 동물들이 개구리를 쉽게 잡아먹지 못하지.
(개구리)